풍유의 샘

황용자 다섯 번째 시집

풍유의 샘

초판인쇄 2016년 12월 1일
초판발행 2016년 12월 5일

지은이_ 황용자
발행인_ 이현자
발행처_ 도서출판 현자

등 록_ 제 2-1884호 (1994.12.26)
주 소_ 서울시 중구 수표로 50-1(을지로3가, 4층)
전 화_ (02) 2278-4239
팩 스_ (02) 2278-4286
E-mail_001hyunja@hanmail.net

값 10,000원

ISBN 978-89-94820-26-2 03810

이 도서의 국립중앙도서관 출판예정도서목록(CIP)은 서지정보유통지원시스템 홈페이지(http://seoji.nl.go.kr)와 국가자료공동목록시스템(http://www.nl.go.kr/kolisnet)에서 이용하실 수 있습니다. (CIP제어번호 : CIP2016029300)

다섯 번째 시집

풍유의 샘

혜림 황 용 자

도서출판 현자

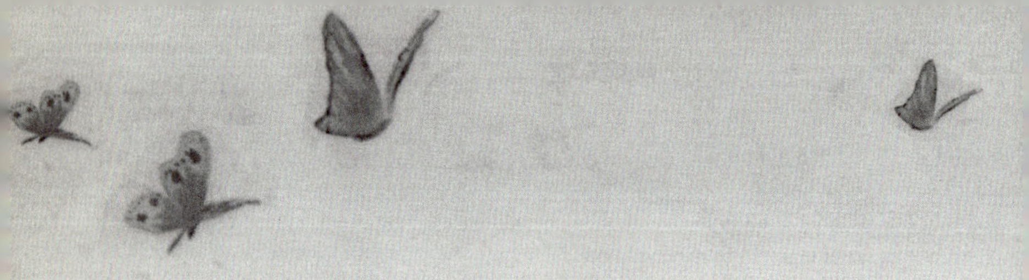

자서自序

"산 것 같지도 않은데 인생 다 가고 먹은 것 같지도 않은데 나이는 다 먹었다"라고 하신 옛 어르신 분들의 말씀이 생각납니다.

수명이 길어진 이 시대에 이런 말을 지금 제가 한다면 아마 어르신께 야단을 맞게 되겠죠.

20여 년 전 처녀 시집《한 별의 이야기》을 출간한 후 문학활동을 하는 가운데 파란도 많았지만 그래도 올해 병신년만큼 힘들지 않았던 것 같습니다. 최고로 어려운 지금 책을 출간할 형편도 못 되지만 그동안 삶의 이야기들을 추억하며 시로 엮어 보려합니다. 저는 병신년 출생으로 회갑丙申六甲을 맞는 해였습니다. 이제 병신년丙申年을 마무리해 보내면서 성탄절과 연말연시 그리고 새해는 보다 더 새롭게 맞이하고 싶은 뜻을 담아 시집을 펴내려고 합니다. 지금까지 책을 열권 남짓 출간했지만 노래가 된 시 그리고 풍자시와 격언시를 버무린 이런 시집은 처음이라고 할 수 있습니다.

시를 쓰며 삶에서 겪게 된 일들을 나름의 방식으로 소화

하게 됩니다. 살아가면서 서로 주장과 생각이 달라 다툼이 일어나는 것도 있지만, 잘잘못은 분명히 있기 마련이고 똑같지 않은 것을 이해와 분별을 잘해야 현명하게 화합할 수 있습니다. 스스로 자기 생각에 빠지면 21세기가 아니라 31세기 더 나아가 만년이 가더라도 인간관계가 어렵기는 마찬가지일 것입니다. 좋은 세상 만났으니 성숙한 정신으로 어울려 살아가는 것은 우리들의 몫이라고 생각합니다.

출판하기까지 여러모로 도와주신 지인 여러분과 독자 여러분 그리고 도서출판 현자 관계자 분들께 감사드립니다. 늘 건강하세요.

단기 4349년
서기 2016년 12월
회갑回甲년을 기념하며

차 례

제3부 낙원동 연가

차례

제4부 사랑의 꿈

제5부 독성 주의보

제 1 부
숨어 핀 꽃송이

꿈의 예술

희망은 마술을 닮았다

인생은 희망을 품고
아름다운 꿈을 꾸며
희망의 영롱한 빛 따라
생을 이어간다
그러니 희망은 마술 같다

속는 듯 살면서도
그 순간 행복을 간직하고
속아도 원망치 못하는
꿈의 예술, 그 희망
눈 부신 희망의 마술

– 아직 이루어지지 않은 꿈이 훨씬 더 많지만 그 꿈과 희망은 어려움을 극복하는 원동력이 되고 있다. 조카 덕경이가 회갑 여행을 시켜주었다. 회갑일이 며칠 지난 따스한 봄날, 산과 들에 꽃들이 만발하여 꿈의 동산이 된 수안보에서 한편의 시를 쓰게 되었다.

긍정의 삶

되는 것을 아니 된다 부정하는 이상한 사람들아
좋은 세상 만들려면 안 된다는 말 먼저 하지 말자
안 될 것도 되게 해야지 될 것을 안 된다 하면 되나
그런데 어쩌나 아닌 것이 아니면 참말인 것을
부정을 부정하면 긍정이라는 그런 말씀이라지

–불신하는 시대에 자신이라도 긍정하며 살자고 스스로에게 읊었다(2015년 봄날).

소리의 진성

가성이 진성보다 더 아름답게 낼 수만 있다면
가성이 진성보다 더 잘 들릴 수만 있다면
가성의 아름다운 소리가 진성이 될 것이다

형식과 틀을 벗고 자연 소리처럼
자연에 맞는 가장 아름다운 소리
자신에 맞게 잘 다듬어진 소리

자연스럽게 잘 가꾸고 다듬고 꾸며
아름다운 그 소리를 낸다면 그게
"진성眞聲이 아니든가" 라고 하겠다

-가요공부를 두루 거치고 종사하면서 겪고 느낀 것이다.(2016년 여름)

탐라도 부르스

남녘 바다 저 멀리에서 들리는 고동소리
끝없이 펼쳐지는 물결 사이로 떠 있는 나뭇잎처럼
일렁이며 떠나가는 듯 아름다운 섬 하나
수평선 저 너머엔 어느 누가 어떻게 살고 있을까
바람 따라 들려오는 해조의 노래 소리
일렁이는 물결에 떠 가는 듯 탐나는 섬 하나
탐라도 부르스여

남녘 하늘 저 멀리에서 바다를 내려보니
끝없이 펼쳐지는 물결 사이에 하나의 접시 같은 섬
저 하늘과 저 바다에 선 하나 그어져 있네
수평선 저 너머엔 어느 누가 무슨 꿈 꾸고 있을까
물결 따라 들려오는 한가한 물새 소리
물결 위에 띄운 듯 떠 가는 듯 탐나는 섬 하나
탐라도 부르스여

–언니 회갑과 형부의 칠순 두 분 기념일을 엮어서 제주 여행을 갔다. 두 분 자녀(덕훈 덕경이)가 제주여행을 시켜줄 때 여행 중에 앞 바다를 바라보며 떠오른 영감을 적어 보았다. 몇 년 후인 2015년 봄에 작곡가 임헌이 선생께서 곡을 붙인 시가(詩歌)이다.

낮게 핀 꽃송이

숨겨져 낮게 핀 꽃이기에 그 모습 감춰
숨은 곳을 살펴 찾아 보았네
아주 깊은 곳에 숨겨진 듯 감춰져
그 모습 보기가 어렵네

숨겼나 감추었나 왜 그 모습 보이지를 않나
숨기고 감추어 핀 속 뜻은 무슨 까닭일까
핀 듯이 아니 핀 듯이 알 듯이 모를 듯이

깊게 숨겨 감춘 꽃이라 향기마저 감춰져
무릎 꿇고 자세히 들여다보아야 깊은
꽃의 속 뜻을 알 수 있게 된다네

–지금 내 스스로를 빗대어 고백하며 쓴 시. 2015년 여름 작곡가 임헌이 선생께서 곡을 붙인 시가(詩歌)이다.

태양이

하늘과 바다를 오고 가는 태양은
검붉은 빛에 마술을 걸고
바다와 하늘을 파랗게 물들인다
붉게 탄 눈부신 태양은
희망의 꿈을 주며
우리 소원을 하늘로 올리고
하늘 메시지 땅에 내리니
좋은 세상 만들고자
섭리 그 뜻을 전한다

-2016년 여름 어느 날.

추억 속의 그 사람

눈이 내린다 소록소록 내린다
내 창밖에 소복소복 쌓여만 간다
추억의 그날처럼 눈이 내린다
고즈넉한 가슴에 흰 눈이 내린다

눈이 내리면 그때 그 사람
추억 속에 사람이 보고만 싶다
추억 속의 사람 깨끗한 사람
눈이 내리면 그리운 추억을 부른다

하얀 눈사람 같이 만들던 사람
추억 속의 그때 그 사람
사랑의 사람 추억 속의 사람
깨끗한 그 사람 새하얀 눈사람

해변의 연가

갈매기 춤추며 나르는 해변에서 떠난 그대 그리네
내 마음 깊이 담긴 그 사람 못 잊어 걷는 해변
추억 밟으며 찾아온 길 따라 그 세월 흘러갔지만
파도소리 여전하고 갈매기 평화로운데 내 마음은
그대 못 잊어 다시 찾아온 보래밭실 숲속 언덕에서
먼 바다 물끄러미 바라보는데 나에게 닿아온
그때 그 사람 떠난 후에 그 사랑 알게 되었네
가슴이 메이고 보고 싶어도 후회할 수 없는 현실
물결은 흥겹게 춤추고 내 마음은 추억에 출렁거린다

–저 세상에 가 있는 김순옥이, 그림을 잘 그린 소탈한 성격의 그녀가 아쉽다. 한편 그녀는 상명여대 미술을 전공한 성격이 좋은 사람이었다. 젊은 날 그 죽음이 무척 안타까워 시 한 수로 그의 원혼을 달래보려는 의미를 담아 본다.

재치의 여신

일신강충
한 신이 내려오시었다
신의 입술이 열리셨다

이화의신
재능의 신 감동의 신이

일의화행
재치 재능 재주 만능의 신
회복된 어머니 나라 그 세계

일화세계
사랑의 등불 스승님 되시고
희생의 촛불 어머니 같은 임

주제의 신
화목의 섭리 여신 그 명성
그 이름 높이 높여 드리세

–신격으로 우러러 봤던 사람도 격이 떨어지게 되면 꼴이 우습게 된다.
같은 사람이지만 되어진 결과에 따라서 다른 사람으로 보인다.

이날

어제와 오늘이 빚어 낸 내일이 비춰오네
바쁘고 곤한 길을 가는 이여
어제는 잠시 내려놓고 쉬어 가세

오랫동안 꿈꿔왔던 그날이 이날이네
꽃 피는 아름다운 동산에서 잠시 멈춰보세

소임을 다해 온 그대 삶 등대 되어
그 빛을 좇는 뭇사람들 즐거워하네

숨어 우는 소리 새

고운 소리 청아하게
숨어 우는 소리 새
무슨 까닭일까
어이해 숨어서 우는 가
애잔한 그 소리 구슬퍼
이 가슴 파고든다

아낌없이 다 주고도
그것조차 모자라서
더 주고 싶어도
더는 줄 게 없어
가슴 저미며 숨어 우는 소리 새

사랑은 눈망울 이슬

사랑은 말로 하는 게 아냐
사랑한다 말로만 하지 마

쉽게 한 사랑이라면 쉽게 헤어질 거야
사랑은 눈망울에 이슬이 맺힌 듯이
눈 속에 진실이 반짝 빛나거든

한번 해 본 실없는 소리 그것이 사랑이라면
사랑 때문에 울 일 많아 아픔이 너무 많아

사랑은 노리개가 아니야 바람잽이 아냐
쉬운 장난 더욱 아니야 알 수 없는 무엇
이끌리는 진솔 고상한 듯 유치한 듯한
사랑 어렵다 하며 생명은 걸지 마

악역 술사

어찌 할꼬, 세상에 이런 사람 줄섰는가?
처음에는 간 쓸개 다 빼줄 것 같더니
빼먹을 것 다 빼먹은 후 마음대로 안 되니
면상 바꾼 것을 보니 악역의 술사로구나

교묘한 단체 속에 뭘 몰라 줄선 사람아
제 좋아 따르는 걸 낸들 어찌 하리
처음에는 뭘 몰라 내 것 주고도
그의 뜻대로 안 되면 언행폭행 당한다.

인권유린 오늘에도 있다니
교묘한 단체 속에 알고도 가야 하는
줄 선 사람들 인생이 연극이라지만
저런 악역은 없으면……

허수아비

허허로운 이 세상 드러내려고
허구의 탈을 쓰고 두 팔 벌리셨나요?
험한 세상 안으려고 벌리셨나요?
허수의 물음에 아비는 허허 웃으며
벌린 팔 흔들며 아니라고
한평생 살아온 그 모습 그대로
그저 그렇게 그저 그렇게 산다고 하네

-송운선 작곡가 선생께서 2014년 곡을 붙여주셨다.
송운선 선생의 작곡선집에 수록되어 있다.

무궁화 시인

무궁화 곱게 피는 강 건너 시인 집에서
밤하늘 별들의 수를 세었지
파란 저 별에는 천국세계 있을까
깊어가는 밤 별세계 어찌 헤아릴 수 있을까
여리고 여린 내 마음 눈물 속에 숨긴
기나긴 그 세월 이제 정녕 밝혀야 하나
긴 밤새우고 나오니 새 아침마저 의아해
행복한 새날이 온 걸 알면서도 느낌이 무뎌요
기다림이 너무 길었소
강 건너 산마을 무궁화 그 시인

–송운선 선생 '향촌의 그 사람' 곡을 2016년 개사함

사계절

1
겨울은 새봄을 시샘하여 울고
꽃은 봄을 여윈 설움에 운다
꿈을 이루다 못 이룬 미련
아쉬움에 새는 눈물 감춰 울지만
사계절은 흘러만 간다

2
바람은 봄맞이 시샘하여 불고
오고 가는 야단 속에서 운다
꽃들에게도 사연은 있어
아쉬움에 새는 눈물 숨겨 울지만
사계절을 흘러만 간다

–이 시는 시인이 곡을 붙인 노랫말이다.

지난날 에세이

1

그리움이 깃든 골목 그 길을 또 다시 걸었네
무슨 미련인가 그 집 앞에서 눈물 삼키며
서성이는 이 맘이 싫어서 발길을 돌렸네
또 다시 그 자리에 맴도는가 이 발길
멍하니 바라본 그리움일까 내 맘 몰라요

2

세월 지나 그 골목 그 자리는 흔적도 없는데
미움이 변한 그리움으로 세월 지났으니
묻고 싶어 지금은 뭘 할까 한 번쯤 봤으면
우두커니 바라보는 노을 비낀 황혼녘
서성인 마음 그리움이 되어 새어 나온다

–시인의 아픈 기억을 시로 쓰고 손수 곡을 붙였다.

그리움 눈물 되어

그리움의 눈물이 비같이 내리면 지난날을 추억해요
그때 그 사람 보고 싶어라 행여 만날까 기대하면서
사랑하고 있다 좋아하고 있다고 약속한 너이었잖아
운명처럼 떠나야 하는 사랑이란 이런 가요 변함없이
사랑하자 말을 해 놓고 이별은 운명인가
어쩔 수가 없나 봐요

–송운선 선생께서 곡을 붙이셨다(2014년).

늦은 꽃송이

샛강을 휘돌다가 늦은 꽃송이
다시 되돌아가면 아직 이른 꽃인데
그 누가 인생을 연극이라 했던가
다시 되돌아가면 아직 이른 꽃인 걸

–2014년 봄날, 가요계의 대부 작곡가 송운선 선생께서 곡을 붙여주셨다.
송운선 선생의 작곡선집에 수록되어 있다.

가슴에 핀 꽃송이

샛길로 질러가다 돌아서는 길이 되었네
그 누가 삶을 희망이라 했든가? 아 – 아
다시 되돌아서가기에 늦어 버린 꽃 송이
그 누가 인생을 소꿉장난 같다고 했든가
다시 되돌아가면 그래도 이른 꽃이련만

그 누가 인생을 꿈이려니 했든가? 아 – 아
다시 되돌아서가기에 늦어 버린 꽃 송이

–2014년 봄날, 가요계의 대부 작곡가 송운선 선생께서 늦은 꽃송이와 같은 시에다 또 다르게 곡을 붙여주셨다. 송운선 선생의 작곡선집에 수록되어 있다.

숨어 핀 꽃송이

휘돌다 때 아니게 다 못핀 꽃송이
아니 핀 듯 감춰져 숨어 핀 꽃송이
아~ 아~

가느린 허리에 철 잃고 피어난 꽃
휘돌아 가는 물결에 어려움 많았지
새롭게 돌아가면 피어날 게 많은 데

제일 먼저 앞서 간들 되돌면 꼴찌로
그 누가 인생은 역경이라 했든가
새로운 단장에 아직 이른 꽃인 걸

–〈늦은 꽃송이〉와 〈가슴에 핀 꽃송이〉가 노랫말이 될 수 있었던 바탕 시는 20세기말 선교회에서 여의도 샛강에 야유예배 갔다가 야단에 때아니게 핀 코스모스를 보고 감흥이 일어 읊게 되었다.

제 2 부
미친 세상이 아프다

혜리미 노래

혜리미 너는 보느냐 보이느냐
황혼에 물든 가지에 매달린 나뭇잎
바람 앞에 떠는 잎새 단풍으로 물들어
나부끼다 정녕 제 길을 간다는 것을
마지막 남은 열정마저 다 흔들리고
바람에 흩날리는 숱한 모양들로

혜리미 너는 듣느냐 들리느냐
바람결에 떨리는 앙상한 잎새 소리
사계절 열정 담은 잎새 아쉬운 여운
바람이 몰고 온 빗줄기에 떨어지는
낙엽 되어 사연 담아내고 간다고
땅 위에 나뒹구는 낙엽의 저 소리

혜리미 너는 아느냐 알겠느냐
나뭇가지 바람에 울어 에어 간다고
늦은 비라도 올라치면 떨리는 단풍잎
자신이 낙엽 되어 간다는 것을
낙엽은 그 길을 맞이하는 것을 알겠느냐
혜리미 너는 느꼈지 그 노정을

선산 선비 아리랑

— 민요풍

1

구미 선산엔 벼슬길 많은데 금오산 고개를 넘는 선비님
낙동강 벼랑 끝 검푸른 파도 나를 깨닫기엔 수심이 깊네
터가 없다는 숨겨진 전설 얽힌 터무산
아리 아리랑 쓰리 쓰리랑 아리 쓰리랑

2

낙동강 매학정 검푸른 물결 비봉산 언덕을 오르는 나리님
선산 고을엔 선비도 많은데 청춘 가슴에는 꿈들도 많네
터가 없다는 숨겨진 전설 얽힌 터무산
아리 아리랑 쓰리 쓰리랑 아리 쓰리랑

운명인가

우연같이 다가온 이 사람 만난 그날이 생각나요
지금 이 사랑 이뤄질 거라 행여나 깨질까 가슴 조이며
서로 사랑하며 서로 믿고 살자고 맹세한 사랑이잖아
우연같이 다가 왔지만 운명이란 이런가요
만남이 인연으로 변함없이 아껴주자 믿음으로서
우연같이 다가왔지만 운명이라 여겨요 그리 믿어요

사랑의 갈증

사랑 받으면 좋은 줄로만 알았었지
사랑할 사람 있어 기쁜 줄만 알았지
그때 생각하면 눈물은 왜 나는 걸까

사랑 받기만 하면 사랑이 뭔지 몰라
사랑하면 더 타는 목마름 더하는 갈증
사랑은 주거니 받거니 유치하게 시리

이별 아닌 이별에

만나는 것은 우연같이 다가와
헤어질 때는 아프게 남는다

이별 아닌 이별을 해야 하는 이별에
못 맺을 인연은 스쳐지나 갈 것이지

살아서 꿈만 같은 이별 아닌 이별에
그래도 한 가닥 희망으로 꾸는 꿈결

서성이는 마음 싫어서 헤어져 멀어져도
이별 후 남는 건 아프게 닿아와 남기에
다시 새롭게 만나려 해도 행여나 또
이별이 싫어서 아니 만나려 한다
스쳐 지나듯 만나고 헤어진 이별에도
이별은 아픈 것 가슴 메이고 찢어진다

미친 세상이 아프다

가슴이 미어져도 울지 못하고
눈물을 보이면 민망할까 봐

고개 숙여 눈물을 몰래 감추다
흘러버린 눈물 어이하라고

잔인한 한마디에 못이 박혀
정의도 의리도 메말라 버린
이 미친 세상이 너무 아프다

고개 숙여 눈물을 몰래 감추다
흘러버린 눈물을 어이하라고

涕光鳥 체광조

— 울어서 빛난 새

세상은 적막에 빠지고 밤새 울어야 하는 저 새는
어인 깊은 사연을 담았기에 저리 구슬피 우는가
눈물 없는 울음은 아마도 누구 들으라고 울겠지

밤새워 울어도 밤이 짧아 못다 울어 내일 밤에 또
울어야 그 수를 채우기에 어차피 여러 밤 울 바에
짧은 밤 택해 목이라도 덜 상하게 짧은 밤 긴 사연

알 수 없는 사정
알 수 있을 것 같아

저기 저 낭에 눈물 감춰 우는 새의 모습
얼마나 가련한가
짝을 못 만나서일까 기다림에 우는 걸까
아니면 사랑하다 헤어진 아픈 사연 때문일까
알 수 없는 그 사정을 알 수 있을 것도 같은데

남은 사랑 지금 이뤄진대도 짧은데 어이해서
망설여지는지 잘 모르겠어요 생각이 깊어져요

진작 당신 만났다면 얼마나 좋았을까
어린 심성이 닦여야 해서일까
왜 이제야 만나서 늦은 사랑 이루기가 어렵네
그토록 그리던 사랑이 와도 믿기지 않은 것은
알 수 없는 그 사정을 알 수 있을 것만 같아요

누구네 집이나

이 집이나 저 집이나 또한 그 집이나
101호 202호 내 집이나 네 집이나

어디가면 좀 더 나을까 하여 돌다가 보니
그 삶이 그 삶 다 그래 뭐 별난 삶 있나

특별히 생활하는 게 다를 게 있을까마는
인간사 삶이란 자고 먹고 입고 쓰는 기본에서
벗어난 사람 있다면 어디 한번 나와 보세요

조금 더 나가서 어느 집 어느 삶에 근심 걱정
떠나서 없는 사람 있다면 또 한 번 나와 봐
인간 삶 근본 생활로 위대한 예술을 이뤄낸다

내 가정이 잘되면 그보다 더 큰 것이 어디 있을까
그래요 그렇죠 이기고 가는 거야 추슬러 가지
어느 곳 어디 가면 별게 있느냐 서로 존경하며
서로 감싸고 위하여 이렇게 저렇게 그렇게 살다가
오해가 생기면 풀어가며 살아가야 하는 거야

오해로 뒤엉키면 곤란해요 곤란해져요
오해 없이 살아가는 거야 별것 아니야

묻고 싶소

— 그래도 61점은

마음대로 오지 못하고 마음대로 갈 수 없는 인생이지만
나 또한 내 마음대로 태어나지 아니 했지만 그래도 내
삶속에 육십일 년 삶 61점은 되지 않겠는가
오가는 날 모르는 삶에서 저승 가면 사자 앞에
당당히 맞시시 옹골차게 제대로 한번 따져 볼 거요

내 인생 어이해 고난 투성이 고난을 피해가며 살다보니
또 다른 고난이 내게 다가오는 나름대로 재미있었지만
아 인생은 참으로 수수께끼 풀 수 없는 답 없는 문제가
너무도 많았소 하지만 한 가지 깨달은 것은 문제의
발상은 내 자신이 근본이라는 것을 뒤늦게 알고 나니
저승사자 앞에서 무릎을 꿇어야 하니 내 체면 구겨진대도
염라대왕 앞에서만은 겸손히 심판 받겠소
하지만 그래도 내 인생 61점은 되지 않겠소

순녀의 늦은 사랑

따스한 봄 햇살 아래 우연같이 만난 사람
긴긴 여름날 붉어지는 노을처럼 타는 사랑
가을날 단풍처럼 물들어 가는데 말 대신
몰래 흘린 눈물은 지난날 아픔 때문일까

겨울 지나 우리 사랑 새 봄을 맞이하여
지난 아픔 씻어내고 늦은 움 새싹처럼
따스한 보금자리 마련해 아픈 기억 벗고
회복된 애가愛歌 부르고 산다면 참 좋겠어요

울보 새

아파서 울고 사랑을 해도 울어야 하는 울보 새
지금 내 담장에 울어도 눈물 못 흘리는 바보 새
오늘은 아파서 울까 사랑이 그리워서 우는 걸까

눈물이 없기에 내게 구애를 하는 걸까 착각에
어이해 울면서 눈빛은 내게 희망을 발하는가
난 행복할 수 있었네 이게 현실이라면 좋겠네

울보 새 때문에 행복할 수 있어 정말 좋은데
새는 울어도 난 행복하다고 잔인하다 말마요
울고 웃는 속사연 울고 웃는 사정 이만 줄여요

뻐꾸기 삶

1
뻐꾸기 그리되고 싶어 되었겠느냐
둥지 없이 떠도는 고달픈 심사
남의 둥지에 제 새끼 밀어 넣고
이산 저산 옮겨가며 눈물을 감추고
가슴 저미는 노래를 불러야만 한다.

2
뻐꾸기 오늘은 어디로 가야 하느냐
둥지 없이 떠돌다 망설이는 애달픔
남의 둥지 빌붙어 제 새끼 맡겨두고
이리저리 옮겨가며 눈물을 삼키고
계절 바뀐다는 소식 전해야만 산다.

–2015년 봄, 가요계 대부 작곡가 임헌이 선생께서 곡을 붙여주셨다.
노랫말이 슬퍼 곡을 부치시며 피아노 앞에서 눈물을 흘리셨다고 하셨다.

의지의 여인

노을이 황혼 빛에 젖어들고
내 마음도 그녀의 고운 빛에 젖어드네

그런데 얄궂은 운명 속에
바람이 우리 사랑 앗아갈까 두려워요

이대로 이대로면 바랄게 없으련만
석양 속에 묻혀버린 노을과 같이
우리 사랑 황혼에 빠지고 석양 속에
물들인 반짝이는 별들처럼
그리라도 이어져 살았으면

고이 노을이 황혼 빛에 젖어들고
내 마음도 그녀의 고운 빛에 젖어드네

–앵까 '여인의 고집'을 작곡가 임헌이 선생께 부탁받고 본 시집에는 '의지의 여인'으로 개사해 봤다.

나의 길

— My Way

이제는 그만해
내 맘대로 살 거야 자유롭게 훨- 훨-
나의 뜻을 펼 거야 간섭하지 마 절대
내 의지와 다른 삶 정말 싫어 내 길 간다

간섭 말아 싫어
나의 길을 나의 의지와 상관없는 길은
정말 정말 나의 의지를 무시하긴 싫어

이제라도 나는 내 길
나의 길을 걸을 거야 아직도 길은
멀리 있고 나의 일은 남았어 나는
오우- 오우- 오- 케이 좋아요
내 길만을 나의 길을 간다

-임원희 선생님의 부탁을 받고 My Way 노랫말을 개사했다.

The Music Plaved

— 음악은 흐르는데

음악은 흐르고 때 맞춰 내리는 빗소리 따라서 촛불 밝혀
어스름 운치를 더하네 만추에 남은 달빛도 기울고
밤은 깊은데 여운만 아쉽게도 남겨두고 음악은
고요히 흐르는데 귀뚤이 울음소리 애절히 들려온다
이 밤사 오동잎도 바람에 날리어 운다

-임원희 선생님의 부탁을 받고 The Music Plaved 노랫말을 개사했다.

그렇게 채우고도

그렇게 채우고도 모자라서
채우고 또 채우고도 모자라는
금전으로 기갈 된 몰골

어쩌면 저럴 수가 있단 말인가

아하 저 꼬락서니 하고는
허기진 저 모습 몰골하고는
아무리 채워도 차지 않는 함정

네가 막가파니 그리 행동하고
금전으로 명예 삼으려다
스스로 올무 되어 기갈 맞았다.

그래도 웃음으로

스스로 법을 만들어 자신을 옥죄지 마라
욕심은 끝없으니 어느 선에서 멈춰라
넘치는 욕심에 옆 사람도 힘들게 하는구나
수없는 바램이 줄 것 안줄 것 다주었는데
또 뭘 더 바라는지 이제 줄 것이 없어 매질이다.
깐양에는 줄 것 아니 줄 것 다 주었어도
역겨워 하니 희한하고 괴상하다

이름도 없이 빛도 없이 실컷 다 주고
사랑도 줬으니 아무런 미련 여한 없다.
더 주고 싶어도 더 줄 수 없어 이만
이제는 꿈도 야물 차게 한없이 받았으면
에라 엿! 한번 웃어보자고 한 소리로 뭘……

괴상한 행각

'영혼을 팔리라'는 노래를 부르는 그가
알리가 있나 알리 만무이지
어느 작가 글의 숨은 뜻도 이해 못하더니
문학 강의 시간도 아닌데
글 속에 혼이 없단다
속도 모른 채 헛판단만이 줄줄이다

자기 시간이라고 잘난 일이라고 마이크로 인다
제 시간이라도 착각에 빠져도 저러면 아니 되지
감정 조절 주체 못하고 악평하는 저 처세술
영혼을 팔리라는 차마 부를 수 없는 노래를
수업시간이라 따라 불러야 하는 생도들 속도 모르니
또 하나의 홍역을 치루는 생도들이 생고생이다.

– 2014년 대학가 가요전공학과에서 가요공부를 하면서 구구한 주장과 이론을 듣고 보며 겪은 일을 훗날 상기해 보았다(2015년 여름).

깜짝 놀랄 수업시간

자신 있다 카리스마가 있다는 제 생각에 빠져
자기만의 수업 방식으로 자기 사람들 심어 놓고
한 사람을 바보 병신 만들기 참 쉽게도 한다

처음에 나도 모르니 그가 하라는 대로 했다가
더 알고 보니 점점 더 괴이해 져서 판 친다

대학원이 어쨌다고 교수치고 대학원 안 나온?
왜 저럴까 왜 그럴까 의아해 유치해져 웃긴다.

눈썹도 가모 머리에도 가발 마음 언행도 가행
아무도 그 속을 알아차리지 못한다
열등에 사로잡힌 화려한 가면 그 속에
천 개의 얼굴이 숨겨 있다

괴이하고 괴상한 분별키 어려운 희한한 사람
처음 만났을 땐 간 쓸개 다 빼줄 것 같더니
빼먹을 것 다 빼먹은 후 마음대로 안 되니
면상 바꾸고 남에게 뒤집어씌우는 유형의 사람

묻기에 한 답을 기억했다가 뒤통수치는 게
특기며 수법 교육계에 이런 사람 줄섰는가?
안 물어도 얘기할 만하면 다 해주는 데……

아 불사 매달린 사람들아 어찌 할꼬
교묘한 단체 속에 뭘 몰라 줄선 사람
제 좋아 따르는 걸 낸들 어찌 하리
나도 처음엔 뭘 모르고 존경심에 따르다가
알고 보니 다 주고도 뜻대로 안 되니까
언어폭행 인권유린 당하고 교묘한 단체 속에
알고도 가야 하는 줄선 사람 인생이 연극이라지만
저런 악역은 빼는 게 좋은 걸

–동방예의지국의 동녘에 있는 대학가 2014년 수료 후 2015년 1학기
연장 수업을 받으며…….

제 3 부
낙원동 연가

대학가에서

學校 開普知　학교가 널리 열려 배우다 보니

教室 皆尊物　교실 안 물건은 모두 존귀하되

生徒 卌割居　생도 사십여 명 들락날락 하고

教授 至微辻　교수는 질투에 큰길 막고 섰네

開 열개, 普 널리보, 皆 다(함께) 개
卌 마흔십(사십), 割 나눌 할(쪼개다), 居 있을 거(살다)
至 이를 지(매우), 微 작을 미, 辻 네거리 십(큰길)

秋女추녀

秋女 美親姩 가을 여인 아름답고 친절한 예쁜 여자
染炳 開止䯽 색에 이끌려 발길 멈추고 홀로 취했네
美親 介雙然 아름다워 가까이 하여 사귀려고 하니
我我 娿啞掗 내 그 아름다움에 흔들려 벙어리로고

染 물들일 염, 炳 밝을 병, 止 발 지, 䯽 독창 랄
介 끼일 개, 雙 쌍 쌍, 然 그러할 연
娿 아름다울 아, 啞 벙어리 아, 掗 흔들 아

삼가 三假

가면 속에 영웅 모습은 무너질 모래성을 짓고
바쁜 행보 줄이고 공부 좀 하고 인격수양하지
눈썹 달고 가발 쓰는 것 좋다고 치장 하지만
마음이 가짜라는 것이 견딜 수 없게 아프다!

더는 불쌍해서 견딜 수 없는 걸 또 어찌하리오
살다보니 본심 잃고 그리 되었나 시시때때로
면상 바꾸고 살다보니 천개의 얼굴 되었나?
천 개 만 개의 얼굴이라도 이해하면 그만이지!

여우 탈(야시)

어둠을 좋아하는 야시의 입술이 내렸다
한 입으로 두 말하는 임시응변의 대명사!

화목신和睦神 모습으로 와서 고요한 맘 혼란 주니
재치껏 감동 탈 쓴 묘술 바법 마술사?

노래비 세워 이름 높여드리자는 찰라에
속셈이 탄로 났지만 뭐 아니라고 비판하리!

연기 인생

내 누구라고 말은 안 하겠네
하지만 한 마디만 들으면 누군지 다 안다네
말도 거짓 표정도 가식 행동도 속임수
놀라운 연기에 입이 벌어지네

천 년을 살아도 변함없을 그 사람
뒷 모습은 쓸쓸해
그가 그의 진실을 감추려 한다는
그 진실은 연기가 안 돼
그가 연기하고 있다는 걸 누구나 알지

연

—연날리기 중계

한 년年이 떠올라 예쁜 연娟입니다.
또 한 년秊이 올라 고운 연姸입니다.
잇달 련聯 모두 쌍년雙年이 됩니다.
또 한 년年 엉켜 새 연撚 잡년이다.

년

한 秊가니 한 連오네 밟을 蹍

(한해 가니 잇달아 오는 해 밟고)

한 年가고 한 延오니 비틀 撚

(한해 가고 한해 오니 엮기는 해)

秊 해 년, 連 잇달 년, 延 끌 연, 蹍 밟을 년, 撚 비틀 년

해갈이季

갈 硏伊 가는 걸 보니 끌 延以 오는가 보다
한 年 가나 한 季 오나 갈 硏 가고 올 季 오나
밟을 躙 갈 硏 비틀어 꼬아 반죽할 撚 잇달 聯
질긴 然 때 묻은 涊 그러할 然 異 모두 雜年들

빈 가슴 채우려다

채우려다 떼인 사람아 채우려 말고 비워두라

비우려다 채인 사람아 비우려 말고 채우라

빈 가슴 채우려 멍든 사람아 채우려 하지 말거라.

-무슨 일을 하려고 하면 다들 빈 주머니 채우려 사기꾼들이 꼭 허점을 노리니까 조심하라는 가슴앓이를 달래주는 메시지(2016년 가을 정리).

거미와 나비

예쁜 나비 하나 거미줄에 걸렸다
저런 어쩌나 헤어날 수 있을까?
검은 입을 벌리고 삼키려는 거미
이름 악독 "옳다구나 너는 내 밥"
나비를 잡으려 하면서 아니라고 한다.

처자식 먹이려 바짝 조이는 악거미
워낙 고상한 나비는 거미를 감싸네
그래도 욕심에 찬 거미는 밥으로만

거미줄이 약하여 나비를 못 감싸고
나비 무게에 거미줄이 끊겨 벗어나는 순간
나비는 자유롭게 자유부인 되어 나른다

거미집을 열심히 보수하는 악거미
내일은 또 누굴 홀려 매어 달까?

—속담에 '노루를 피하면 범을 만난다'는 게 있는데 참으로 이러한 속담이 겹친다면 어이 하겠는가? 이런 상황을 겪으며(2016년 봄).

제비와 나비부인

나비, 화려한 날개로 어디를 가시나
춤 못 추는 제비와 노래라도 하려고
맨날 배 하나 못 채워서 허우적이나

제비, 나비 잡아 고작 저 하나 먹자고
허기진 입 벌려 저러지는 안을 텐데
춤 못 추는 제비 더 무섭다 하더니?

바람 제비

옷 못 입은 제비 더 무섭다고 하더니
허름한 제비에 속아 사랑하는 사람들

사랑이 어렵다하여 생명을 걸지 말라!

구석에 처박혀 강남에도 못 가는 제비
대박 타겠다 썩은 박씨 물고 웬 장담

가시 꽃

모진 비바람에 피어난 꽃송이 벌 나비 철새도
쉬어갈 수 있나요 앉아 놀 수 있나요

그런데 하필이면 가시 꽃이라서 날개깃 접고 서는
앉을 수 없어요 하지만 쉬어 갈 새라면 꺾으려 하지 말고
가슴 깊이 새기면서 그냥 두고 보라고 더 이상 말 않겠어요

-고독한 순간(영화OST) 최무룡 김지미 주연/ 당시 리타 킴이 부른 노래. 임헌이 선생 작곡 주제가를(가시 꽃으로 개사 2015년 가수 나진호 노래)

*시인은 말 한다 가시 꽃의 전설을

가시 꽃의 전설
빈 들판을 외로이 지키며 모든 눈보라 風水를 이겨낸 꽃나무가 있었다
지나가는 길손들이 꽃나무 그늘에 쉬어가다가 꽃이 탐스럽고 매력 있다며
하나같이 꺾으려고 하니 꽃이 독을 품다가 꺾으려는 순간 독을 쏘는데
독을 받은 상처는 어지간하면 낫지 않기에 꽃이 상대를 위하는 마음으로 독을 거두고 대신에 제 자신 방어를 위하여 가시로 대처했다.
그런데 가시에도 독성이 하도 강하여 한번 찔리면 목숨도 오가는 지경으로
가시 꽃은 자기방어를 위하여 어쩔 수 없는 가시 꽃이 되었다.

꽃 눈물

— 화주가

계절은 새봄을 시샘하여 울고
꽃은 봄을 여윈 설움에 운다
꿈을 이루다 못 이룬 꿈이 있어
꽃은 눈물소리 숨기고 감추며 운다

바람은 새봄을 시샘하여 불고
오가는 야단에 꽃은 피고 진다
그런 꽃은 눈물소리 숨겨 울기에
눈물 감춰 우는 새는 꽃의 심정
알아차리지 못하고 꽃은 울어도
웃는 줄로만 안다

-2015년 여름 임헌이 선생께서 작곡을 붙였다.

꽃의 전설

꽃은 울어도 웃는 줄 알기에 어느 날 꽃이 숨어서라도 울어서 속 좀 달래보려고 울 곳을 찾아보니 마침 새가 꽃나무에 앉아서 얼마나 슬피 우는지 그 사연이 하도 슬퍼서 눈물을 다 흘리고 더 이상 눈물이 나오지 않고 소리만 낸다고 하니, 꽃은 울음을 울 수도 없는 자신의 처지를 보니 울어도 눈물을 감추고 웃어도 소리를 감춘 것은 울음소리는 새에게 양보하고 눈물은 가슴에 감추어 꽃은 울어도 웃는 줄로 안다는 전설이다.

낙원동 연가

1
갈무리 못한 사랑 때문에 낙원동 밤거리에
그리운 사연들을 가슴속에 묻고 외로운 발걸음을
달래어가며 잊으려고 눈감아도 떠오른 얼굴
상처 난 가슴속에 비가 내려도 낙원동의 밤거리는
불빛 속에 깊어만 가네

2
지울 수 없는 그 정 때문에 낙원동 밤거리에
못 다한 사연들을 이슬처럼 머금고 자초한 일이라고
추슬러가며 눈물인가 빗물인가 얼룩진 얼굴
그리운 마음속에 시가 되어도 낙원동의 밤거리는
추억 속에 깊어만 가네

–본 시인이 쓴 시로 가수 나진호가 노래를 불러 UTV에서 히트하고 유명세를 얻었다(2015–2916년).

유치한 사랑

사랑이란 유치한 거라고 유치한 사람은
자신의 유치함을 드러내며 말했다

능구렁이 독거미 제비 꽃뱀이 혀를 놀렸다
분별력 없는 사람들은 달콤한 혀의 놀림에
취해 독인 줄도 모르고 따르다 상처 입고
쓰러져도 뱀은 아랑곳하지 않고 여전하다

사랑이란 유치한 거라고 파렴치한 배암이
제 유치함을 감추려고 성인처럼 말했다

꽃배암

꽃 속에 묻혀 살기에 꽃배암이라지
갈라진 두 갈래 혀로 이말 저말 거짓말

꽃을 칭칭 감았다고 사랑이라 하느뇨
악독 꽃배암 말로 하는 게 사랑일까

사랑 고백할 때는 눈망울에 이슬 맺듯
소로시 진실 스며들어 반짝반짝 빛나지

눈물 속에 피는 꽃

— L immensita(涕中開花)

그 사람 그리워 헤매는 내게
흩어진 마음에 샘같이 깊음의
눈물은 자꾸만 얼굴을 적셔오나

정마저 가저나 가지 남은 정
못 잊어서 눈물 속에서 피는 꽃

연민의 사람 보고파서
눈물로 얼룩져도 꽃은 피고
떠나간 사람 음- 정만 남기고
그대는 이슬에 젖은 꽃 가슴
정 깊은 사람

–눈물 속에 핀 꽃으로 리바이벌(2016년 11월 11일 개사)

短夜 長詞 단야 장사

– 짧은 밤 긴 사연

短夜 長詞　짧은 밤 긴 사연
短夜 不詞　밤이 짧아 못다 한 말
長夜 深詞　긴 밤 깊은 사연
深思 不知　깊어서 알 수 없네

詞 말씀 사,　深 깊을 심

제 4 부
사랑의 꿈

余若思여야사

—유비쿼터스

余透 明世界 劉備 時代　내 너무 밝고 환한 때라서
若不透也 無明也 暗有之 뉘라서 밝지 못한 어둠에

余思 多知有 深心 透明　내 마음 깊음을 밝히 깨고
透明 知有耶 余若 同有悲 통하니 알고 같이 하자!

余 나 여, 若 반 너(야), 透 통할 투, 劉 죽일 유, 備 갖출 비, 暗 어두울 암

鵬鳥談 붕조담

雕烏皆鳥合　크고 작은 새들이 모였으나
群鷄一鶴孤　닭의 무리에 외로운 학 한 마리
鵬鳥攷鳳凰　붕새 봉황을 상상해 보니
一雕忌鵬鶴　독수리 질투로 붕새 된 학

雕 독수리 조, 烏 까마귀 오, 鷄 닭 계, 鶴 두루미 학, 鳳 봉황 봉,
凰 봉황 황, 攷 상상 고, 忌 꺼릴 기
鵬 붕새 붕_ 상상의 새, 크기는 수 천리로 구만리九萬里 난다는 새.

秋野 가을 들판

黃金野 靑水　누른 들 푸른 물결
天高也 地弘　하늘은 높고 땅은 넓어
人肥之 馬肥　사람이 살찌니 말도 살쪄
豐年歌 呼號　풍년가 호되게 부른다

不正의 反轉

肯定眞有 진짜다 하니 긴 것이요
不正有不 아니다 하니 아닌 게요
陶瓷器易 질그릇을 까뒤집으려는가
能力者何 능력자를 그리 하리

貞 곧을정, 定 정할 정, 陶 질그릇 도
瓷 오지그릇 자, 器 그릇 기, 易 바꿀 역

鵬 붕

너무 커 너무 조금 보여 전체를 볼 수 없잖아
한번 나르는데 구만 리 날아 상상의 새라고
오만 리 영토보다 큰 새라서 상상에 두고
날개 있어도 못 나는 건 너무 크기에 그래요

방향 잡아주어야 옮겨간다고 붕조가 그러잖아
그럼 되도록 해서 높이 넓게 날아봐 부 우 웅
큰 날갯짓으로 지구촌 휘어감아 봐 붕 훨 훨
몸집이 수천 리라는 상상의 희망 새 붕이라고?

–鵬(붕새 붕)_ 크기는 수천 리, 한 번에 구만 리 난다는 상상의 새. 내 자신이 하도 어려움이 많아서 스스로 달래려고 자위하며 쓴 가시용 시(2016년 여름).

際너미

아득히 먼 저곳 너미에 두 세계 사위에
선하나 그어 놓고 저 선을 넘나드는
태양은 큰 두 세계를 오가는 구나

하늘 바다 大界를 가르는 線하나
그 이름 수평선!

두 세계를 오가는 태양보다
고정된 수평선보다
너미제 밖을 자유로이
오가는 풍유의 새 갈매기

두 세계 오가는 새는
태양보다 자유로이 치솟아
우주와 바다를 오고 간다
저 선은 자연이 준 선물

際 사이 제

多名稱 다명칭

소쩍새, 불여귀 귀촉도 자규 접동새

백두산, 붉암 영웅 화활 신무 장백
토일 태백 설산 백산 천산
이름 붙여 그 이름으로 부른다

황지영 황혜림 혜림 혜리미
한별 황명인 용자
내 이름도 두 줄이 되네

白頭大幹 백두대간

夏節中半七月氷山　하절중반 칠월 빙산
嘶氣明山白頭大幹　신기 명산 백두대간
白頭山天地淵瀑浦　백두산 천지연 폭포
天地淵絕景天作稟　천지연 절경 천 작품
大帥儒服神秘靈山　전사유복 신비 영산

超悟 초오

1
만 년간 잉태하여 천 년간을 산다는
꿈속에 스며들어 지지 않는 꽃이여
하늘 닿는 벼랑 끝에 외롭게 피어나
사람들의 가슴속에 희망을 품고
기다린 세월 속에 기지개 키고
새롭게 단장하여 곱게 피어나네!

2
무궁한 꽃으로 오만 년 꿈을 싣고
날마다 희망으로 노 저어 나아가는
각종 새 모여들어 한 울타리 만들어
춤추고 노래하며 쉬어가게 하자
만 년 한을 풀어내고 천 년 뜻을 품어
영원무궁 무궁화 지지 않는 동산에

超 뛰어넘을 초, 悟 깨달을 오

治癒歌 치유 노래

노래는 정직해 내 마음 알아주니까 그래서 좋아해

아프고 괴로운 울렁증에 잡생각 몰아내고 노래해

허탈한 마음 안고 아픔 슬픔 가슴앓이 모두

어느 날 갑자기 떠올라 느끼는 지난날 상처들을

텅 빈 공간에 신나는 곡조로 다 물리쳐 내고

아름다운 멜로디 우아한 곡조 잠시나마 모두 잊고

옛것 새것 좋은 노래 속 시원히 소리 내어 부르자

미술 치유

마음에 있는 것을 그려서 풀어낸다
깊은 속마음까지 그림으로 그려낸다

마음이 나타난다 마을을 나타낸다

마음을 그리며 풀어낸다 속마음까지
그리며 치유한다 그리면서 치유한다

기쁨도 즐거움도 아픔도 모두 그려라
그려서 시원하게 풀어내어 치유하라

예술 치유

나오라 왜 스스로 자기 틀에 갇히는가
자기에 미안할 줄 알아야 하니 나오라
움직임만 예술인가 상상 추상 감상 생각
나타내는 것 움직이게 하는 모든 행위로
움직여라 나래 펴고 훨 훨 훨 날아보라

갇힌 사람아 나오라 갇혀서 병이 된다
자꾸 보고 들음으로 갇힌 곳서 나온다
율동으로 무용으로 여러 아름다운 동작
때로는 상상의 새 같이 부 웅~ 붕– 붕
커다란 나래 펴고 구만 리 길 날아본다

웃음 치유

웃음은 바보 같아 나를 믿어주니 내가 웃는다
복잡한 도심의 얽매인 생각 모두 훌훌 벗어나
오가는 세월 잊은 채로 때로는 그리 살고파라
그리 살자면 조건 있어 먼저 마음 문 활짝 연
감사한 마음으로 손뼉 치며 웃고 노래해 봐요
울 수 없어 웃어도 기왕이면 즐겁게 웃어 봐요
어이없는 바보 같은 웃음도 차츰 행복이 와요
웃음은 바보 같아 나를 믿어주니 내가 웃는다

사랑의 꿈

사막이나 빈 들녘이나 또한 그 어디에
기다리다 지친 사람 고된 잠에 빠지고

모래 위에 성을 쌓는 소꿉장난 친구야
높이 나른 갈매기는 큰 꿈을 꾸었겠지
아름답고 높이 오른 사랑의 큰 꿈을

에덴동산

— 예단 터

그 옛날 한님께서 부여한 섭리동산
희망과 기쁨이 넘치던 근본 그 세계
오늘날 다시 설계하여 부도지 이루자

그 옛날 메소포타미아에는 에덴이란
지명도 단어조차도 없었지만 후대에
후세들이 만들어낸 에덴동산 예단을
아무르 흑룡강, 슈메르족의 그 나라
수호금천 후손의 입주로 붙여진 에덴을
저희들의 신 고향을 생명의 땅이라 하네

한민족 단을 쌓고 하늘에 예를 갖춰
올리던 예단 근본의 그 동산(예단동산)
희망과 소망의 동산 예의민족 예단 터

하늘에 예의로 천제 올리던 성스러운 곳
동방예의지국 예단민족 지금 오늘 날에도
그 이름 남겨져 여러 이름으로 불려진다

아, 예단이여! 동산이여, 에덴동산이여
그 이름 되새겨 다물 정신 부도지 복본
가슴 저미는 섭리는 흘러 지금에 이르고
누가 뼈아픈 심정세계를 깨닫고 알건가

동서 2만 리 남북 5만 리 광활한 그 영토를
석권하던 때가 언제였단 말인가!

섭리여 배달민족 백의민족 한민족이여
가슴 깊이 뼈 속에 새겨 살아가세나

성혼축복 노래

— 중창곡

남과 남이 만나서 님이 되는 이 순간
두 사람 앞날에 성혼축복을 빌어준다

자녀 구별 말고 알콩달콩 잘 길러
재미있게 살길 바라고 아픔 있을 때는
서로 위로하며 가정 책임 잊지 않으면
행복한 삶 유지할 수 있으니 건강히
잘 먹고 잘살아 다오- 부디 살아다오

가다가 힘들 때는 오늘 혼인잔치
잊지 말고 되새기며 살아가거라

-어느 성혼 축복식을 보며(2026년 11월 12일)

신랑 신부 답가

— 뚜엣

오늘 축복한 이 자리에 모인 분들께
진심으로 감사드리며 우리 행복하게
서로 위해 행복하게 잘 살겠습니다
축복 말씀 새겨 감사함에 살겠습니다

가다가 힘들 때에는 오늘 혼인
잊지 않고 새기며 살아가겠습니다

희망의 꿈

인생에 희망 있다면 꿈을 먹고 살기 때문
인생이 즐거운 것은 이룬다는 꿈이 있기에
그 꿈이 내 삶에 내 인생에는 무엇이길래
마음에 꿈만 꾸다 깨져버리면 꿈꾸던 꿈은
꿈꾸던 꿈나무는 울며 살기에 버리지 못해

2
사람이 기뻐하는 건 희망 안고서 살기 때문
사람이 우는 것은 꿈 이루다 깨져버린 꿈에
희망이 내 인생에 내 인생에 무엇이길래
코 깨고 멍 주고 떠나면 희망은 가슴앓이로
가슴이 터지도록 울며 살기에 희망에 산다

말태우리 그 사랑

1
오다도라 탐라에는 노장말도 많은데
아름다운 해상공원 말태우리 깊은 사랑
바다보다 깊은 사랑 푸른 물결 출렁출렁
말태우리 그 사랑이 폭풍우가 불어와도
깊어지는 정의 사람 말태우리 그 사랑

2
말태우리 사랑에는 내달리는 말의 질주
박차를 가하여 내달리는 굳센 말 사나이
높은 이상 말태우리 세계는 누구도 몰라
달리는 굳센 사나이 높은 이상 말태우리
속 깊은 그 사나이 그 사람 정말 좋아요

-제주도에서 말을 타려고 말 등에 올라 있을 때 말을 쓰다듬는 말태우리를 보고 썼다(2010년 봄).

갈매기 사랑

1
갈매기 춤추며 나르는 바다에
세월은 흘러갔어도
가슴에 새겨진 그리운 그 사람
못 잊어 걷는 해변
천만 리 멀다 않고 찾아온 바다가
그 사람은 떠나고
못 잊어서 찾아온 모래밭길
해변 구름갈매기 높고
물결은 흥겹게 춤추고
내 마음은 그때 생각에
갈매기 되어 날아보네

2
갈매기 춤추며 나르는 바다에
세월은 흘러갔지만
내 마음 깊은 곳 담긴 그 사람
못 잊어 걷는 해변
추억에 잠겨 찾아온 바다가

그 사람은 떠나갔어도
고동소리 여전하고
갈매기 춤추는데
잊을 수 없어 다시 찾아왔는데
나에게 다가온 사랑을 깨닫고
갈매기 되어 하늘 높이 훨훨

-2000년경 평화로운 갈매기를 보며 해변을 거닐 때 연인들의 마음이 와 닿아서 쓰게 되었다.

올무

완벽하다 자부하며 사랑이란 단어 앞세워
물샐 틈 없이 사악한 계획에 말을 앞세워
깐에는 완벽하다 자부하며 만든 올무에
어디 눈 먼 사슴이라도 걸리기만 하면 그냥

스스로 들어갈 함정 모순덩어리 올무
남 잡으려다가 스스로 되잡혀 생고생이네
아 아! 가엾다 저 모습이 가련해 어쩌나!

제 5 부
독성 주의보

누에의 삶

누에는 아무리 바삐 꾸준히 부지런히
주워 먹고 잘살아도 일생 잘되어봐야
저 하나 들어갈 깨끗한 집 하나 짓는다

인생도 이만 하랴, 이 같으랴! 결국
잘되어야 제 자신 추스르는 것이다
저 하나 못되면 온 주변 오염시킨다

-2015년 봄에 발간한 격언집에서 뽑아 다시 썼다.

굼벵이

굼벵이는 언제쯤 나르는가?
굼벵이는 언제쯤 노래하나?

굼벵이 내려 보면 답답하지만
굼벵이도 구르는 재주 있으니
네 걱정이나 해 그는 느린 게 재주야

굼벵이가 아무리 느려도 제 할일 볼일 다 한다.

천석꾼 만석꾼

천석꾼은 천 가지 걱정
만석꾼은 만 가지 걱정

천만 가지 걱정이 뉘에게서 나오나
어라 모두가 내게서 오는 내 문제
내가 불러들인다고 하지만 어라
연대적 무리에 얽힌 게 더 많네
내가 아닌 뉘에게서 오는 걱정도 많으니
어라, 나 혼자 잘한다고 걱정이 없으랴

–55여 년 전에 돌아가신 할머니 말씀이 생각나서 시로 옮겨다(2016년 씀).

걱정

뉘 집이나 살림 다를 게 어디 있을까
없어도 될 것을 집집이 안고 산다
어느 집이나 다 가지고 있는 걱정말이다
하찮은 작은 것을 부풀려 가며
걱정거리를 만들어서 걱정이다
없는 걱정도 불러 걱정을 한다
이제 걱정을 덜어내는 연습을 해 보자

– 아무리 다 갖추어도 모자라게 생각하면 우주를 취하여도 부족을 느낀다. 스스로 만족을 느껴야 한다(2016년 만추).

자폐 공간

제 잘난 맛에 제 스스로 자기 공간에 갇혀
자폐증에 걸린 사람 오늘날 많고 많으니
어떤 이가 이 문제에 갇혔나 진단 한번해 볼까

모두가 자기가 공인이라고 스스로 자부하지만
아무도 공인이라고 하는 사람은 없다면 어쩌나
알고 기억하는 사람 몇몇 때문에
좁은 공간에 갇혀서 자유롭지 못하니 서럽다
그래서 일찍이 얼굴 알려지고 이름나면
부자유라고 하지 아니 했던가

–공인으로 여기지도 않는 데 제 스스로 타인의 시선에 갇혀 힘들게 사는 이가 허다하다.

욕심을 버리면

욕심만 버리면 더 편히 살 수 있을 텐데
아무리 버리려고 해도 자라나는 욕심
욕심쟁이 인간은 걱정까지 불러들인다
많은 욕심은 더 많은 걱정을 끌어안는다.

-세상을 둘러보니 인간 욕심에서 생긴 일들이 너무 많다. 거의 대부분 어려운 일들이 욕심에서 비롯된 것들임을 깨달았다.

수고의 대가

일한 사람은 수고의 대가를 가져가는 게 도리이다
어떤 것에 수고의 대가를 지불하지 않고 바랄 때 욕심이다

찬바람 언 손 호호 불어가며 이마에 땀방울 맺혀가며
모질게 호되게 고생하며 정성으로 모은 것들을
한순간에 세 치 혀를 놀려가며 빼앗아 가는
잔인한 파렴치범 인생아 그리 살면서 괴로워, 어이!

– 속담에 '산 너머 산' 이라는 말씀이 생각난다(병신년 만추에).

독성 주의보

많고 많은 것들이 독을 품고 있으니
주의 깊게 조심해야 한다

연예계에는 꽃뱀, 제비가 많고

종교계에는 구렁이 능구렁이
이무기 거미 나비가 참 많다

- 2013년 초 봄부터 2016년 말 가을까지, 가요계에 잠시 종사할 때 이러한 것을 겪었으니 참으로 희한하고 괴상한 세상을 느끼며 썼다.

행동

하는 행동을 얘기 들으면 그를 알 수 있다지만
자기 식견만큼만 보이니 제 기준으로 판단한다

연예계 제비 조심 종교계 사기 더욱 조심
연예계 종교계 조심조심 명심명심

제일 유익한 것에 시간 쓰고 투자하되
씀씀이가 마땅해야 하는 일이 유지 발전된다.

–제차 강조해도 더한 세계도 있을 것으로 생각 되어 만추에 써 본다.

희생의 촛불 되어

그 이름 거룩해도 이름은 없네
다만 '아무게 엄마'라고 불리는 이름
가정 하나 꾸리기도 힘겨운데 저러나

많은 백성 어이 다스리라고 어찌 하라고
마음 편히 등 따습게 먹고 살면 되지 뭘
끝없는 욕심에 팔자 사납게 돌아간다.

예고

진정은 느낌으로 알 수 있는 것
고백하는 것보다 침묵하는 일은
아니라 해도 느낌으로 느끼는 것
무언중에 한 말이 생활 속에 있으니

안중에도 없는 것을 말로써 하니
고백해도 못 느끼는 건 행함 없이
말로써 말 만들어 말하니 말씽이다
무언중에 새는 말이 앞길 예고한다

탄성

혼란한 비바람의 얄궂은 파도
짓궂은 폭풍 앞에 우리의 국운

겨레의 인격이 여기까지라면
임을 이대로 보내야 하는가

우리 가슴 안에 있네 나라 사랑
안타깝게 당할 수야 있겠는가?

–만물은 사람을 잘 만나야 한다. 특히 사람은 사람을 잘 만나야 한다. 2016년 11월 11일 국가적인 혼란기에…….

사랑의 불

우리의 꿈들을 저 바다에 띄우고

날마다 소망으로 노래 불러보자

궂은 비바람이 이렇게 불어와도

휘몰아치는 파도 앞에서

사랑의 불을 환히 밝히며 나가자

-2016년 11월 12일 국가적인 혼란기에 평화의 불을 밝혀보자는 뜻을 담았다.

동정표

'제비가 춤도 못 추고 허름한 차림에
불쌍한 척하는 게 아주 무섭다'라고
일간 일설이 떠돈다

좋은 옷이 있어도 웬일인지 입지 않는다
오히려 잘 어울리지도 않는 옷을 입고
얼굴엔 너무나 불쌍한 표정을 짓는다

'생긴 대로 논다'는 말대로 일까
그냥 동정이 가는 불쌍한 저 얼굴
온몸으로 외치는 '한 푼 줍시오'.

맺는 글

내가 갖은 물질이 기초생활수준이지만 재물을 많이 쌓아놓으려 하지 않겠다. 물질은 가지면 더 갖고 싶어서 남의 것을 탈취라도 해서 쌓아놓으려는 집착이 생길 수 있기에 자신을 망가지게 할 수 있다. '욕심이 잉태하여 죄를 낳고 죄가 장성하여 사망에 이르니' 이 말씀이 사람 가운데 그대로 적용되는 것 같아 잘 곱씹어 봐야겠다.

물질은 서로 상생하는 작용에 이어져야 하는데 분배되지 못하고 한군데 몰리게 되면 사회 부작용이 일어나고 불만세력들이 생긴다. 물질이 건강하게 흐를 때 나라는 튼튼히 서고 국민은 건강한 국가관이 생긴다. 지도층에서 먼저 솔선하고 국민은 스스로 자신의 책임을 완수해 간다면 건강한 나라가 이룩되겠다. 그리고 개개인이 스스로 바로 산다면 건강한 사회가 될 것이다. 우주여행을 하는 시대라고 할지라도 인생 심령문제는 쉽게 풀리지 않을 것이다. 이런 시대에 살아가면서 하도 한이 많아 마음의 상처를 위로하자고 붓을 잡으니 누에가 입에서 실을 뽑듯이 거미가 줄을 내어 놓아 제 집을 짓듯이 시가 줄지어 나왔다. 많은 경험과 일을 당한 심정이 이 시집의 바탕이 되었으니 그냥 거저 되는 게 없다는 걸 또 한 번 느낀다.

건강한 사회를 우리 스스로 만들어 봅시다.

단기4349년 병신년, 서기 2016년 11월 저자 씀